투닝의 모든 기능, 200% 활용!

투닝으로 시작하는 인공지능 웹툰 작가

툰스퀘어, 박정호, 심소현, 박미정, 이경향, 양혜린 **지음**

TOONSQUARE   Stories Change the World.   진주교육대학교 교육대학원

투닝으로 시작하는
인공지능 웹툰작가 초등학교 저학년용

초판 발행 2025년 01월 31일

지은이 툰스퀘어, 박정호, 심소현, 박미정, 이경향, 양혜린 지음

펴낸곳 툰스퀘어 **출판등록** 2024년 6월 5일 제 2024-000100호

주소 서울특별시 서초구 매헌로8길 39

전화 050-7458-2020 **이메일** support@tooning.io

홈페이지 www.tooning.io **블로그** blog.naver.com/tooning_io

ISBN 979-11-988041-3-6(13000)

가격 11,000원

투닝의 모든 기능, 200% 활용!

투닝으로 시작하는 인공지능 웹툰 작가

툰스퀘어, 박정호, 심소현, 박미정, 이경향, 양혜린 **지음**

초등학교 저학년용

머리말

웹툰으로 시작하는 디지털 교육

2022 개정 교육과정에서는 미래 변화를 능동적으로 대응할 수 있도록 우리 아이들을 '포용성과 창의성을 갖춘 주도적인 사람'으로 성장할 것을 추구하고 있습니다. 이에 따라 평생 학습의 기반이 되는 기초 소양으로 언어, 수리와 함께 디지털 소양을 핵심 요소로 강조하고 모든 교과 교육에서 디지털 기초 소양을 기르도록 장려하고 있습니다.

웹툰은 '웹(Web)'과 '만화(Cartoon)'의 합성어로 온라인 플랫폼을 통하여 감상하는 만화를 의미합니다. 주 독자층인 초등학생은 웹툰에서 재미를 느끼고 웹툰에 관한 감상을 친구와 이야기로 혹은 댓글로 주고받으며 소통합니다. 우리는 실생활 속에서 학생들이 자주 접하는 콘텐츠인 웹툰을 교육 소재로 떠올렸습니다. 그리고 웹툰의 감상을 넘어 학생이 직접 웹툰을 생성한다면 다양한 학습 주제에 관한 흥미가 일어날 것으로 보았습니다.

이 책은 (주)툰스퀘어의 웹툰 제작 플랫폼인 '투닝(Tooning)'을 기반으로 웹툰을 제작합니다. 투닝은 웹브라우저 기반의 소프트웨어로 컴퓨터가 있고 온라인 접속만 가능하다면 누구나 손쉽게 웹툰을 완성 할 수가 있습니다. 또한 투닝에서 제공하는 '투닝 GPT'와 '투닝 매직'을 통하여 학생은 생성형 인공지능 기능을 직접 다루어 볼 수가 있습니다.

투닝과 함께 시작하는 웹툰 제작, 이렇게 진행됩니다!

이 책에서는 총 열다섯 가지의 주제를 제시합니다.

모든 주제는 2022 개정 교육과정의 범교과 학습 주제를 바탕으로 교과와 성취기준을 연결하여 선정하였습니다. 각 주제는 네 단계를 거쳐 진행됩니다. [생각열기]는 초등학생 맞춤형 학습 주제를 제시하여 교과에 관한 학생의 흥미를 불러일으킵니다. [탐구열기]에서는 학습에 더 깊이 몰입하고 스스로 아이디어를 고안하도록 돕습니다. 이어서 [투닝열기]에서는 전 단계의 내용을 모아 웹툰으로 표현 해 봅니다. 그리고 [게시하기] 공간을 통해 자신의 웹툰을 출력하여 부착하거나 링크 공유를 통해 다른 사람에게 소개하고 직접 감상을 받아 볼 수 있도록 유도합니다.

각 주제에 따라 다양한 웹툰 작품을 만드는 과정을 거치면서 우리는 학생이 '웹툰을 만드는 성취감'을 느끼길 기대합니다. 동시에 자연스럽게 투닝을 통하여 소프트웨어와 생성형 인공지능을 다루어 보고 디지털 소양을 길러 나기길 바랍니다. 학생이 작품을 완성하면 즐겁게 감상 해 주세요. 그리고 긍정적인 피드백을 듬뿍 남겨 주세요. 그렇다면 학생의 등 뒤로 '설레는 효과'같은 웹툰 요소가 가득 채워질 지도 모릅니다.

이 책을 펼쳐 보는 모든 학생에게 웹툰같은 재미난 일상이 가득하길 소망합니다.

<투닝으로 시작하는 인공지능 웹툰 작가> 저자 일동

목차

집필진 소개

박정호

(현) 진주교육대학교 컴퓨터교육과 교수
서울교육대학교 초등교육 학사
한국교원대학교 컴퓨터교육 박사
Tufts Univ. CEEO. Research Scholar(2013)

(저서) 예비교사를 위한 디지털교육(2024), 엔트리코딩탐정(2021), 파이
썬으로 무인도 탈출하기(2019), 코딩펭귄의 남극대탐험(2019), We Can
Do It! with WeDo 2.0(2019) 외 다수

심소현

(현) 프리랜서 코딩 강사 (초등방과후, 진로, 창체 외)
헬로메이플 에듀케이터 1기
디지털새싹 전문 강사 (코딩, 인공지능, 피지컬컴퓨팅 외)
진주교육대학교 교육대학원 에듀테크전공 석사 재학 중

박미정

(현) 프리랜서 코딩 강사 (초등방과후, 진로, 창체 외)

헬로메이플 에듀케이터 1기

디지털새싹 전문 강사 (코딩, 인공지능, 피지컬컴퓨팅 외)

진주교육대학교 교육대학원 에듀테크전공 석사 재학 중

이경향

(현) 프리랜서 코딩 강사 (초등방과후, 진로, 창체 외)

헬로메이플 에듀케이터 1기

디지털새싹 전문 강사 (코딩, 인공지능, 피지컬컴퓨팅 외)

진주교육대학교 교육대학원 에듀테크전공 석사 재학 중

양혜린

(현) 프리랜서 코딩 강사 (초등방과후, 진로, 창체 외)

디지털새싹 전문 강사 (코딩, 인공지능, 피지컬컴퓨팅 외)

진주교육대학교 교육대학원 에듀테크전공 석사 재학 중

PART
1

① 예쁜 말 고운 말

긍정적 표현과 부정적 표현을 했을 때 느낌을 떠올리며
예쁘고 고운 말을 쓰는 습관을 길러 봅시다.

생각 열기

 오늘 나 미술 시간에 그림을 그리는데 책상에 물을 쏟았지 뭐야.
그림이 엉망진창이 되었어. **아우, 짜증나. 망했어, 망했다고!**

 깜짝이야. 왜 그렇게 거친 표현을 쓰는 거야?
누구나 실수 할 수 있어. 다시 그림을 그려 완성하면 되잖아.

 아니, 그게 아니라 지나가던 다른 친구가 내 책상을 잡고 넘어지면서 물통을 쏟았단 말이야. 내가 그리던 그림이 다 번졌어. 나만 피해를 입은 거라고.

 친구도 실수로 넘어진 건데 남 탓만 할 수는 없잖아.
속상한 마음은 이해하지만 부정적인 표현을 쓰는 습관은 바꾸어 보면 어떨까?

13

우리는 대화를 통해 다른 사람과 더 가까워 지기도 하지.
그런데 무심코 내뱉은 말은 상대방이 듣고 기분이 나쁘거나 속상할 수도 있어.

 혹시 내가 한 말때문에 다른 사람이 기분 상하진 않았을까?
우리가 무심코 사용하는 부정적인 표현을 긍정적으로 바꾸어 보자.

부정적인 표현을	긍정적인 표현으로 바꾸어 본다면
망했어	예) 바꾸거나 고쳐서 다시 해볼께.
아니, 그게 아니라	예) 맞아 그럴 수 있지. 그런데
짜증나	
못 하겠어	
꺼져	
왜요? 왜?	

 내가 듣고 싶은 긍정적인 표현은 무엇일까?
칭찬, 격려, 감사 인사. 내가 누군가에게 듣고 싶은 이야기를 적어 보자.

누구에게	이런 말을 듣고 싶어요!
학교 선생님	예) 교실 자기자리 정리를 참 잘 했어요!
부모님	
우리반 친구들	
동생 또는 후배	
동네 어른	

 '가는 말이 고와야 오는 말이 곱다' 라는 속담처럼 내가 먼저 긍정적이고 바른 말을 사용한다면 다른 사람들도 나에게 예쁘고 고운 말을 들려 줄 거야.

투닝 열기

 아래 상황에서 나는 상대방에게 어떤 말을 해야 좋을까? 똑똑햄이 '나'라고 생각하고,
내가 할 수 있는 예쁘고 고운 표현을 떠올려 말풍선 속에 채워 보자.

선생님께 칭찬을 받았어요.
어떤 기분이 드나요. 어떤 답변을 해야 할까요?

말풍선을 모두 채워 보았나요?

그럼 예쁘고 고운 말을 쓰는 내 모습을 투닝에서 웹툰으로 그려 봅시다.

1. [배경] 에서 '운동장'을 검색하여 알맞는 배경을 찾아봤어요.

2. [배경] 에서 '교실'을 검색하여 알맞는 배경을 찾아봤어요.

3. 인물이 잘 보이도록 배경에 흐림 효과를 적용하였어요.

[세부조정] 에서 '블러' 값을 3에서 5 사이로 변경하여 적용 해 보세요.

투닝으로 그린 내 웹툰을 이곳에 붙이고 가까운 사람들과 함께 보세요.
베스트 댓글에 독자의 감상도 받아보세요.

인기
웹툰

BEST 댓글

평점 ★ 9.99

| BEST | 웹툰천재(toon***) | 뭐야 뭐야!!!! 이렇게 감동적인 웹툰은 처음이야 !!!! ㅠㅠㅠㅠㅠㅠㅠㅠㅠㅠ |

BEST

BEST

스쿨존 교통 규칙

교통 수칙을 알아보고 안전한 등하교를 위한 교통 수칙 매뉴얼을 만들 수 있다.

횡단보도에서 급하게 뛰면 절대로 안 돼.
안전한 등하굣길을 위하여 함께 교통 안전 규칙을 살펴 보자.

탐구 열기

투닝 스쿨 친구들! 학교 잘 다녀왔어?
오늘은 경찰관과 함께 교통 안전 캠페인에 참여 할거야.

교통 사고가 일어나지 않도록 모두 함께 교통 안전 규칙을
잘 살펴보자. 안전한 등하굣길을 위해서 우리가 조심하고
반드시 지켜야 할 규칙이 있어.

21

우리는 길을 걷는 보행자로서 꼭 지켜야 할 규칙이 있어. 아래 보행자의 교통 규칙을 살펴보고 나는 얼마나 규칙을 잘 지키는지 스스로 점수를 매겨 보세요.

해당되는 점수에 O표를 해 보자.

0점 : 전혀 지키지 않습니다.

10점 : 지킬 때도 있고 안 지킬 때도 있습니다.

20점 : 항상 잘 지키고 있습니다.

보행자 교통 규칙	나의 교통 점수		
횡단보도에서 초록색 보행자 신호가 5초 남았을 때 건너지 않고 기다립니다.	0점	10점	20점
등하굣길에 스마트폰을 손에 쥐고 쳐다보며 걸어가지 않습니다.	0점	10점	20점
자전거나 킥보드를 탄 채로 횡단보도를 건너지 않습니다.	0점	10점	20점
모퉁이를 돌아갈 때에 잠시 멈추어 좌우를 살피고 걷습니다.	0점	10점	20점
신호등이 없는 횡단보도를 건널 때에는 반드시 손을 들고 차가 멈추는 것을 확인합니다.	0점	10점	20점

나의 교통 점수는 총 [   ] 점입니다

보행자 교통 규칙을 잘 지키고 안전하게 학교 다녀올께요.

교통 점수 100점 나온 친구들 정말 칭찬해! 모두들 안전히!

투닝 열기

 나의 교통 점수를 보고 어떤 생각이 들었을까.
앞으로 꼭 지키겠다고 다짐한 교통 규칙이 있다면 투닝에서 표현 해 보자.

1. [텍스트] 메뉴에서는 다양한 효과음을 사용 할 수 있습니다.

2. [배경 화면] 일부분만 사용하고 싶다면 마우스로 확대 해 보세요.

투닝으로 그린 내 웹툰을 이곳에 붙이고 가까운 사람들과 함께 보세요.
베스트 댓글에 독자의 감상도 받아보세요.

인기
웹툰

BEST 댓글

평점 ★ 9.99

BEST 웹툰천재(toon***) 뭐야 뭐야!!!! 이렇게 감동적인 웹툰은 처음이야 !!!! ㅜㅜㅜㅜㅜㅜㅜㅜ

BEST

BEST

우리 마을 탐험가

지도의 기능을 이해하고 우리 마을 지도를 그리며
관찰력과 공간 감각을 키워 봅시다.

생각 열기

오늘 저녁에 마을 축제하는데 같이 구경하러 갈래?

좋아! 저녁 일곱시에 투닝 문방구 앞에서 만나자.
그럼 난 집에서 미리 숙제를 끝내고 나올께. 좀 있다가 만나! 쌩 ~

앗, 큰일이네! 나는 투닝 문방구가 어딘지 잘 모르는데.
똑똑햄, 도와줘!!!

길 찾는 것이 어렵구나. 그럴 땐 지도를 살펴보면 찾아 볼 수 있어!

그런데 지도가 꼭 필요할까?
학교 옆에 뭐가 있는지 앞만 보면서 가면 될 텐데 ...

 지도는 마을을 한 눈에 파악할 수 있지. 그래서 낯선 곳에서 길을 잃지 않고 목적지를 쉽게 찾아갈 수가 있어. 아래 지도를 보며 투닝 마을을 함께 살펴보면 어떨까?

- 투닝 마을에는 경찰서가 있다.   (O , X)

- 투닝 마을에는 병원이 있다.   (O , X)

- 투닝 분식이 문 여는 시간을 위 지도에서 알 수 있다.   (O , X)

- 투닝 꽃집의 장미꽃 한 송이 가격을 위 지도에서 알 수 있다.   (O , X)

- 위 지도를 보고 학교에서 문방구까지 가는 길을 찾을 수 있다.   (O , X)

정답 : O X X O O

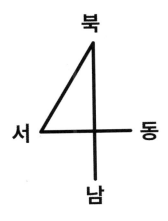

 지도에는 많은 정보가 담겨 있구나! 그런데 똑똑햄, 투닝 마을 지도 속에 맨 위에 숫자 4 처럼 생긴 건 무엇일까? 아까부터 너무 궁금했어.

 지도의 방향을 알려주는 거야.
지도를 볼 때 동서남북이 어딘지 맞추어 보아야 목적지를 제대로 찾아 갈 수 있지.

 이렇게 지도의 방향을 나타내는 표시를 바로 '방위' 라고 해.
그럼 방위표를 통하여 투닝 마을을 좀 더 자세히 살펴보자.

- 무지개로를 기준으로 학교는 서쪽에 있다.   (O , X)

- 학교 남쪽에는 병원이 있고 북쪽에는 분식집이 있다.   (O , X)

- 경찰서는 투닝 마을 남쪽에 있다.   (O , X)

- 투닝 분식에서 투닝 문방구까지 가려면 남쪽으로 가야 한다.   (O , X)

- 학교 동쪽에는 꽃집이 있다.   (O , X)

정답 : O X O X O

요즘은 지도 어플리케이션 또는 내비게이션을 통해 길찾는 일이 더욱 빠르고 정확해졌어. 출발지와 목적지만 입력하면 가장 빨리 가는 길을 알 수 있지.

1. 포털사이트 '네이버'에 접속하여 '지도'라고 검색 해 보세요.

2. 출발지에는 우리 학교를, 도착지에는 우리 동네 문방구를 입력 해 보세요.

3. 이동 경로는 '도보'로 선택 해 보세요. 그리고 결과를 살펴 봅니다.

4. 앞에서 본 투닝마을 지도와 네이버 빠른 길찾기는 무엇이 다를까요.
   아래 항목을 보고 해당되는 곳에는 O를 그려 봅시다.

	지도	빠른 길찾기
방위표를 보고 방향을 판단 할 수 있다.		
마을에 어떤 장소가 있는지 한 눈에 파악 할 수 있다.		
출발지부터 목적지까지 가는 가는 길을 알 수 있다.		
출발지부터 목적지까지 걸리는 시간을 알 수 있다.		
출발지부터 목적지까지 가는 여러 가지 방법을 찾아 준다.		

투닝 열기

 우리 마을 탐험가가 되어보자.

주요 건물을 알아보고 주요 건물의 위치를 친구들이 알 수 있도록 투닝에서 그려봐.

1. [캐릭터]에서 나와 닮은 캐릭터를 골라 탐험가의 모습으로 꾸며봅시다.

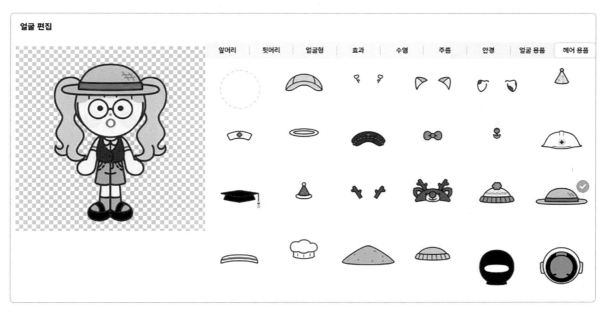

2. 마을 지도를 그려볼 거예요. 먼저 [요소]에서 알맞은 도형을 골라 도로를 그려 봅니다.
   도로끝에 도로명도 적어 보세요.

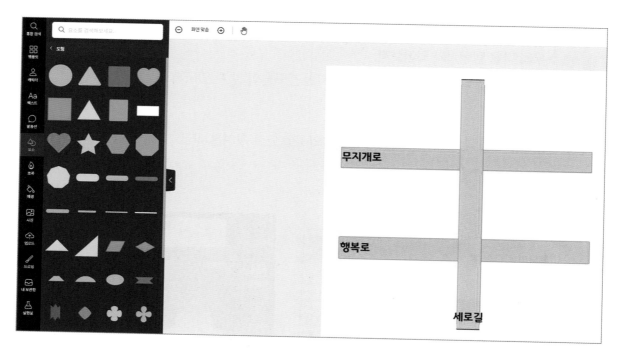

3. 마을에서 눈에 띄는 주요 건물이나 장소를 지도에 표현 해 봅니다.

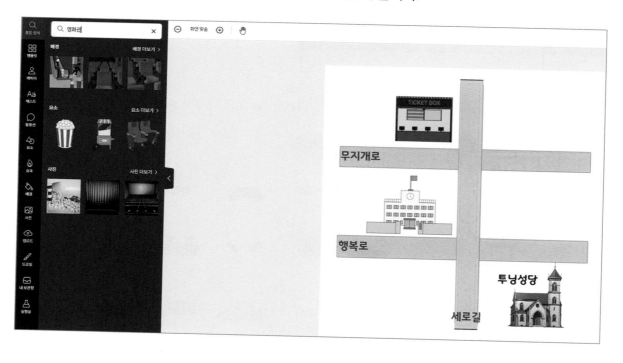

투닝으로 그린 내 웹툰을 이곳에 붙이고 가까운 사람들과 함께 보세요.
베스트 댓글에 독자의 감상도 받아보세요.

인기
웹툰

BEST 댓글

평점 ★ 9.99

BEST 웹툰천재(toon***)   뭐야 뭐야!!!! 이렇게 감동적인 웹툰은 처음이야 !!!! ㅠㅠㅠㅠㅠㅠㅠㅠㅠㅠㅠ

BEST

BEST

안전한 물놀이 즐기기

물놀이 경험을 이야기하고 물놀이 안전 규칙에 대하여 알아봅시다.

생각 열기

 다시 태어난다면 나는 물개가 될 거야! 바다 수영은 정말 즐겁거든.

 맞아, 더운 날 바다에 풍당 들어가면 정말 시원하지. 계곡에서도 물놀이를 즐길 수 있어.

 엇, 똑똑햄.
그런데 계곡에서는 바위가 미끄럽기 때문에 미끄러져 물에 빠지지 않도록 조심해야 해.

 그래서 잠금 장치가 있는 신발을 신고 물놀이를 해야지.
안전한 물놀이를 하기 위해선 어떤 규칙을 지켜야 하는지 함께 살펴보자.

-바다나 계곡 둘 다 갑자기 깊어지는 구간이 있으니 조심해서 다녀야 할 것 같아. 튜브나 구명조끼는 필수고!

-그리고 만약 위험한 상황에 처했다면 주위 어른에게 알려야해!

탐구 열기

 위험한 행동으로 사고가 일어난다면 즐거운 물놀이도 물.거.품.!!
아래의 물놀이 안전 수칙을 읽어보고 꼭 지키기로 약속해.

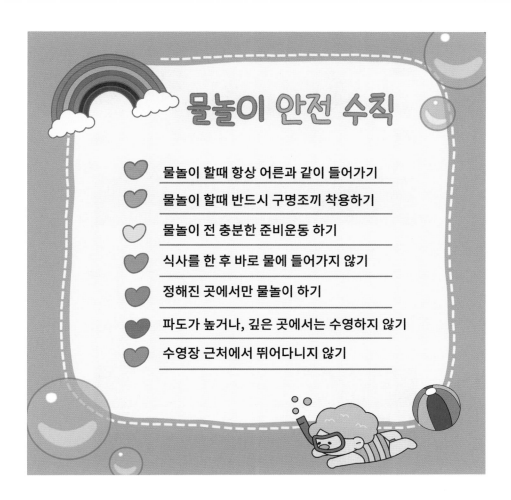

 물놀이 안전 수칙을 얼마나 기억하고 있는지 확인 해 볼까?
아래 문제를 읽어보고 O 또는 X 중에 알맞는 답을 골라보자.

- 수영 도중 몸에 소름이 돋을 때는 더 신나게 뛰어 놀며 체온을 높인다.   (O , X)

- 식사를 하고 난 직후에는 물에 들어가서 놀면서 소화를 시킨다.   (O , X)

- 수영장에서는 미끄러질 수 있으니 뛰면 안된다.   (O , X)

- 물놀이를 할 때 구명조끼는 무조건 착용한다.   (O , X)

O O X X : 답장 코푸

여름에 시원한 물을 맞으며 신나는 물놀이를 즐긴 경험이 있을 거야.

혹시 물놀이 중에 아찔한 사고를 당할 뻔한 기억이 있을까?

앞에서 살펴 본 물놀이 안전 수칙을 떠올리며 나의 경험을 투닝에서 표현 해 보자.

1. 위험한 상황이 닥쳤을 때 어떤 기분이 들었나요.

   캐릭터의 표정과 손동작으로 아찔한 느낌을 표현 해 보세요.

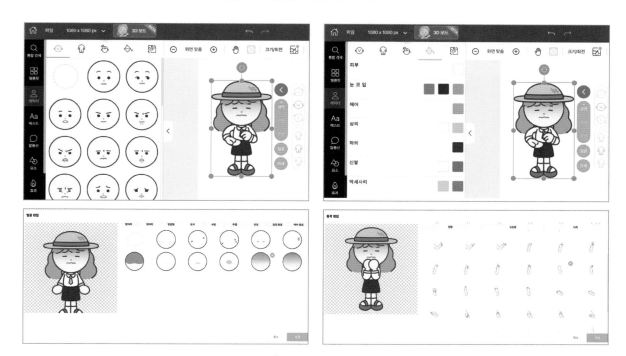

2. 이전의 위험한 상황을 다시 겪지 않으려면 어떻게 해야 할까요.

   우리가 지켜야 할 안전 수칙을 고르고 투닝 캐릭터와 함께 표현 해 보세요.

투닝으로 그린 내 웹툰을 이곳에 붙이고 가까운 사람들과 함께 보세요.
베스트 댓글에 독자의 감상도 받아보세요.

인기
웹툰

BEST 댓글   평점 ★ 9.99

BEST   웹툰천재(toon***)   뭐야 뭐야!!!! 이렇게 감동적인 웹툰은 처음이야 !!!! ㅠㅠㅠㅠㅠㅠㅠㅠㅠ

BEST

BEST

스마트폰은 이제 그만

나의 스마트폰 사용 습관을 살펴보고
올바르게 스마트폰을 사용하기 위한 규칙을 알아봅시다.

생각 열기

 큰일났다, 벌써 밤 아홉시야!
스마트폰을 붙잡고 있느라 시간 가는 줄도 몰랐어.

 어랏, 집에 들어올 때 현관에서도 계속 스마트폰을 보던 것 같은데 ....
여태껏 스마트폰을 사용한 거야?

 헤헤, 응. 저녁 밥먹는 시간을 제외하고 계속 스마트폰만 보고 있었어.

 흠. 지나친 스마트폰 사용은 좋지 않아.
스스로 스마트폰 사용하는 습관을 살펴보면 어떨까?

오늘 하루는 무엇을 하며 보내었을까.

일상 속에서 내가 스마트폰을 사용한 시간은 얼마나 되는지 스스로 알고 있을까?

먼저 나의 하루 일과를 시간별로 그려봐.

하루 일과표 작성하는 방법은 알고 있겠지? 나의 하루를 적어보는 거야.

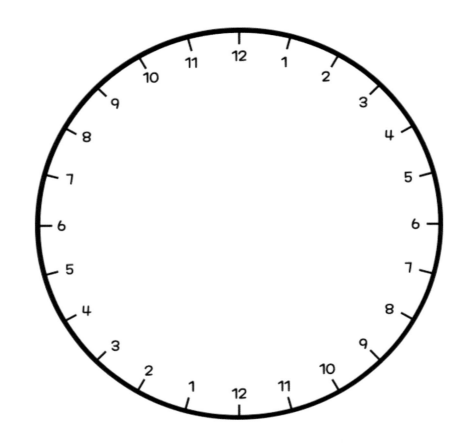

그 다음, 내가 스마트폰을 사용한 시간에는 색연필로 채워보자.

· 영상 시청(Youtube 등)   ■ 빨간색

· 게임   ■ 주황색

· 부모님과의 연락   ■ 초록색

· 친구와의 연락   ■ 파란색

· 숙제 또는 학습용   ■ 노란색

하루 중 나는 스마트폰을 오래 사용하였을까, 혹은 별로 사용하지 않았을까?
내가 만든 하루 일과표를 보며 아래 질문에 스스로 답변 해 보자.

- 나는 오늘 하루 총 [   ] 시간 스마트폰을 사용하였습니다.

- 나는 [영상 시청 / 부모님 또는 친구와 연락 / 게임 / 공부] 할 때 스마트폰을 가장 오래
  사용하였습니다.

 스마트폰으로 우리는 재미난 것을 많이 볼 수 있지. 하지만 스마트폰을 쥐고 놀다가 내가
꼭 해야 할 일을 못 하거나 오랜 시간 휴대폰만 보며 빈둥거리기도 해.

 그렇다면 스마트폰을 보는 대신에 내가 할 수 있는 일이나 놀이를 생각 해 보자.
나는 축구 게임을 하는 대신 운동장에서 진짜 축구를 할 거야!

스마트폰으로 ○○을 했는데	스마트폰 대신에 △△ 할 거야!
매일 축구 게임만 했어.	운동장에서 친구들과 축구할래.

39

이제 과도한 스마트폰 사용은 그만! 스마트폰을 꼭 필요한 경우에만 사용하면 좋겠지?
스스로 사용 규칙을 세우고 실천하는 내 모습을 상상하며 투닝으로 표현 해 보자.

 아트보드에서 화면 분할은 어떻게 하면 좋을까?

1. 배경 > 웹툰 프레임 에서 사용하고자 하는 프레임을 선택하세요.

2. 요소 > 도형에서 프레임과 같은 형태의 도형을 선택하여 크기와 색깔을 바꾸세요.

3. 마우스 오른쪽 버튼을 클릭하여 수평 뒤집기, 앞으로 보내기 등의 메뉴를 이용하여 프레임을
   조정하세요.

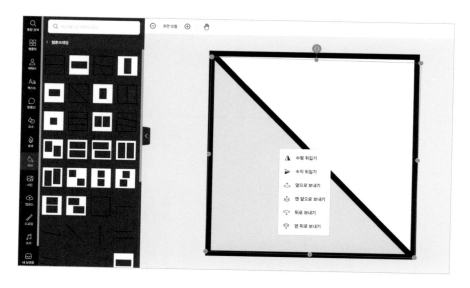

투닝으로 그린 내 웹툰을 이곳에 붙이고 가까운 사람들과 함께 보세요.
베스트 댓글에 독자의 감상도 받아보세요.

**인기
웹툰**

BEST 댓글

평점 ★ 9.99

BEST 　웹툰천재(toon***)　　뭐야 뭐야!!!! 이렇게 감동적인 웹툰은 처음이야 !!!! ㅠㅠㅠㅠㅠㅠㅠㅠ
_____

BEST
_____

BEST
_____

6

수어로 통하는 세상

수어의 개념을 학습하고 의사 소통을 할 수 있도록
간단한 수어 카드를 만들어 봅니다.

생각 열기

 TV 뉴스를 보면 화면 아래에서 양 손을 계속 빠르게 움직이는 사람이 있어.
무엇을 하는 걸까?

 그건 말이야 '수어'라고 해. 청각 장애인을 위한 언어야.

 어릴 때 나는 말소리를 듣고 입모양을 따라 하며 말하는 방법을 배웠어.
수어는 어떻게 쓰는 언어일까?

 청각 장애인은 소리가 들리지 않아 말을 배울 수가 없어. 그래서 '보이는 언어'를 사용하는
거지. 손과 손가락 모양, 손바닥 방향, 손의 위치와 움직임에 따라 의미를 전달하는 거야.

맛있다!

맛있어?

42

탐구 열기

만약에 소리가 들리지 않는다면 어떤 상황이 생길까요. 어떤 불편함이 생길까요.
우리가 겪을 어려움에 대하여 적어 봅시다.

① _____

② _____

③ _____

④ _____

⑤ _____

 소리가 들리지 않는다면 친구랑 떠들지도 못 할 거야.
등하굣길에 참새 소리도 듣지 못 하고 자동차 소리도 들을 수 없지.

투닝 열기

 수어 동작의 이미지를 보고 어떤 단어 혹은 표현인지 생각해봐. 그리고 그 의미에 어울리
는 이미지를 투닝에디터에서 똑똑햄의 표정과 동작으로 만들어 보자.

이것은 어떤 의미일까요?

고맙습니다

처음 만난 사람과 반갑게 인사할 때 쓰는 표현입니다.

이것은 어떤 의미일까요?

 어떤 사람이나 존재를 몹시 아끼고 귀중히 여기는 마음이 들 때에 이렇게 표현합니다.

이것은 어떤 의미일까요?

투닝으로 그린 내 웹툰을 이곳에 붙이고 가까운 사람들과 함께 보세요.
베스트 댓글에 독자의 감상도 받아보세요.

인기
웹툰

BEST 댓글

평점 ★ 9.99

BEST 웹툰천재(toon***)   뭐야 뭐야!!!! 이렇게 감동적인 웹툰은 처음이야 !!!! ㅠㅠㅠㅠㅠㅠㅠㅠ
_____

BEST
_____

BEST
_____

PART 2

건강하게 물 마시기

건강을 지키기 위한 물 마시기 습관을 알아보고
건강하게 물 마시기 캠페인 만화를 그려 본다.

생각 열기

 헉헉. 체육 시간에 줄넘기와 달리기를 열심히 했더니 숨이 차네.

 그래서 옷이 흠뻑 젖을 만큼 땀을 흘렸구나. 땀을 흘리고 나면 수분 보충을 해야 해.

 수분 보충? 물을 꼭 마셔야 하는 걸까.
그냥 좀 누워서 쉬면 안 돼? 물 마시기 귀찮은데...

47

물은 우리 몸 속에서 영양분을 운반하고 체온을 조절하지.
그래서 건강함을 유지하기 위해 충분한 수분 섭취가 중요한 거야.
우리는 하루에 얼마나 물을 마시는지 아래 상황을 보며 컵을 채워봐.

**아침에 일어나서
물을 얼마나 마셨나요?**

**점심 식사 후에
물을 얼마나 마셨나요?**

**오후 일과 중에
물을 얼마나 마셨나요?**

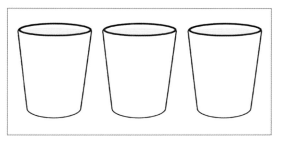

**저녁 식사 후에
물을 얼마나 마셨나요?**

나는 오늘 하루 동안 [   ] 컵의 물을 마셨습니다.

그런데 나는 물대신 주스나 탄산 음료수를 많이 마셔.
주스를 많이 마시면 물을 안 마셔도 되는 거 아닐까?

당분이 많이 함유된 주스, 탄산 음료, 이온 음료는 비추천!
일시적으로 목마름은 해결되지만 당이 높아서 금세 갈증을 느끼게 될 거야.
건강에도 좋지 않으니 음료수보다 물을 마시는게 좋아.

그렇구나, 주스와 음료수는 줄이고 물을 마시도록 할께.
그런데 하루에 물을 얼마나 마셔야 좋을까?

초등학생은 보통 하루에 여섯 잔에서 여덟 잔의 물을 마시는 편이 좋다고 하지.
좀 더 정확하게 알고 싶다면 계산하는 방법이 있어.
자신의 키와 몸무게에 맞추어서 내가 마실 물의 양을 계산 할 수 있거든.

내가 하루에 마셔야 할 물의 양을 계산 해 보자.

1. 먼저 나의 키와 몸무게를 측정 해 봅니다.

· 나의 키 [   ] cm

· 나의 몸무게 [   ] kg

2. 키와 몸무게를 더한 값을 구합니다.

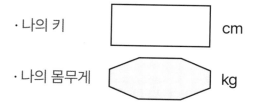

키   몸무게

[   ] + [   ] = [   ]

3. 키와 몸무게를 더한 값을 100으로 나누어 봅니다.

[   ] ÷ 100 = [   ]

4. 이렇게 구한 값은 내가 하루에 섭취해야 할 물의 양(리터)이랍니다.

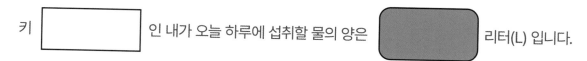

키 [   ] 인 내가 오늘 하루에 섭취할 물의 양은 [   ] 리터(L) 입니다.

투닝 열기

건강하게 생활하기 위해서 물 마시는게 중요한 걸 알게 되었어.
이제 다른 친구들에게도 물 마시는 습관이 중요한 걸 알려주도록 하자.

앞의 탐구열기를 보며 '하루에 마실 물 구하기 카드' 를 만들어 보자.
다양한 도형을 사용하여서 빈 칸에 계산값을 적어 보도록 하는 거야.

1. 요소에는 다양한 도형이 많이 있어요. 내가 필요한 도형을 선택하고 마우스로 좌우 상하 사이즈를
   조절하며 원하는 크기를 만들어 보세요.

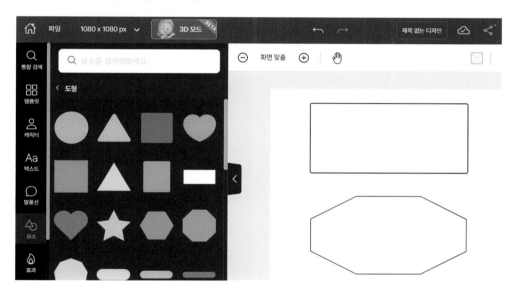

2. 도형을 또렷하게 구분 할 수 있도록 면색을 바꾸어 보세요. 선색을 바꾸거나 선의 굵기도 원하는
   대로 조절 할 수가 있답니다.

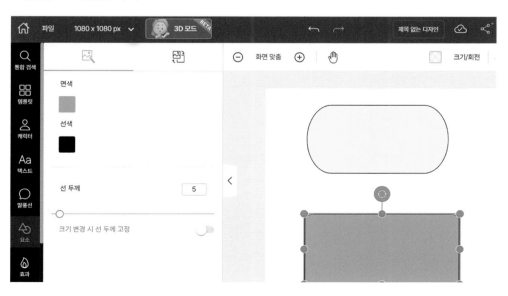

투닝으로 그린 내 웹툰을 이곳에 붙이고 가까운 사람들과 함께 보세요.
베스트 댓글에 독자의 감상도 받아보세요.

인기
웹툰

BEST 댓글

평점 ★ 9.99

BEST 웹툰천재(toon***) 뭐야 뭐야!!!! 이렇게 감동적인 웹툰은 처음이야 !!!! ㅠㅠㅠㅠㅠㅠㅠㅠ

BEST

BEST

즐거운 점심 시간

급식실에서 지켜야 할 규칙을 알아보고 안전 사고를 예방하여
즐거운 점심 시간을 보내어 봅시다.

생각 열기

오늘은 학교 급식실이 매우 소란스러웠어. 점심식사 후 우리 반과 옆 반 친구들이 모여서
운동장에서 피구 게임을 하기로 했거든. 그래서 ....

결국 저 친구는 미끄러져 넘어지는 바람에 다리를 다쳐서 피구를 못 했어.
보건실에 누워서 쉬어야만 했어. 급식실 안전 규칙을 지켰더라면 좋을 텐데...

탐구 열기

 얘들아, 급식실은 무엇을 하는 곳일까?

 우리가 모두 함께 모여서 맛있는 밥을 먹는 곳이지.

 매일 우리들의 점심 식사를 위해서 음식을 만드는 곳이기도 해!

 모두 맞는 말이야. 점심 시간이 되면 학생 모두가 급식실에 모여서 함께 밥을 먹고 이야기를 나누기도 하지. 그래서 우리는 급식실에서 식사 예절을 잘 지켜야 해.

모두들 즐겁고 안전한 점심시간을 보내려면 급식실에서 어떻게 행동해야 좋을까?
우리가 지켜야 할 식사 예절과 급식실 안전 규칙을 살펴보고 알맞는 것에 O표를 해 보자.

〈 배식할 때 〉

- 식중독 예방을 위해 [손 / 머리카락] 을 씻고 들어옵니다.

- 새치기를 해서는 안 되죠.
  [한 줄로 / 마구잡이로] 줄을 섭니다.

- 배식을 다 받으면 지정된 자리로
  [천천히 걸어서 / 재빠르게 뛰어서] 이동합니다.

〈 식사할 때 〉

- 음식을 식탁에 [흘리지 않습니다. / 마구 흘리면서 먹습니다.]

- 음식을 입 안에 넣은 채로 시끄럽게 떠들면서 [먹습니다. / 먹지 않습니다.]

- 수저를 손에 든 채로 옆 친구와 휘두르며 장난 [을 치면 절대로 안 됩니다. / 을 칩니다.]
  젓가락이 친구 신체를 찌르면 굉장히 위험한 사고가 생깁니다.

- 급식실을 돌아다니지 않고 바른 자세로 [앉아서 / 서서] 먹습니다.

〈 다 먹은 후 〉

- 식사를 마친 자리에 의자를 [집어 넣고 / 꺼내 둔 채로] 정리합니다.

- 남은 음식물과 식판은 [아무데나 대충 / 지정된 위치에 깔끔하게] 처리합니다.

- 정수기 앞에서는 바닥에 물을 흘려서 다른 사람이
  [미끄러지지 않도록 / 슬라이딩하며 놀도록] 조심합니다.

우리가 서로 식사 예절을 잘 지킨다면 즐거운 점심 시간이 될 수 있어.
예절과 질서를 지키기 위한 포스터를 급식실 앞에 붙여 두면 어떨까?

그런데 똑똑햄, 포스터란 무엇이야?

포스터란 어떤 정보를 전달하기 위해 벽에 부착하는 것을 말하지. 공연포스터, 축제 포스터, 광고포스터 등 다양한 분야에서 활용하고 있어.

학교에서 전교 회장이나 부회장 또는 반장 출마할 때 후보의 정보가 담긴 선거 포스터를 들기도 하지. 후보 이름과 소개, 어떤 공약을 내걸고 있는지 포스터를 살펴보면 알 수 있어.

1. 먼저 급식실 안전 규칙 포스터의 주제를 생각 해 보세요. 무엇이 좋을까요?
2. 주제를 선택하였다면 주제를 잘 표현할 수 있도록 간단히 스케치 해 보세요. 스케치는 투닝에서 포스터를 만들기 전에 아이디어를 정리하는데 도움이 된답니다.

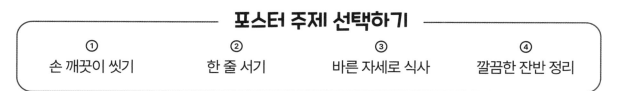

포스터 주제 선택하기

① 손 깨끗이 씻기   ② 한 줄 서기   ③ 바른 자세로 식사   ④ 깔끔한 잔반 정리

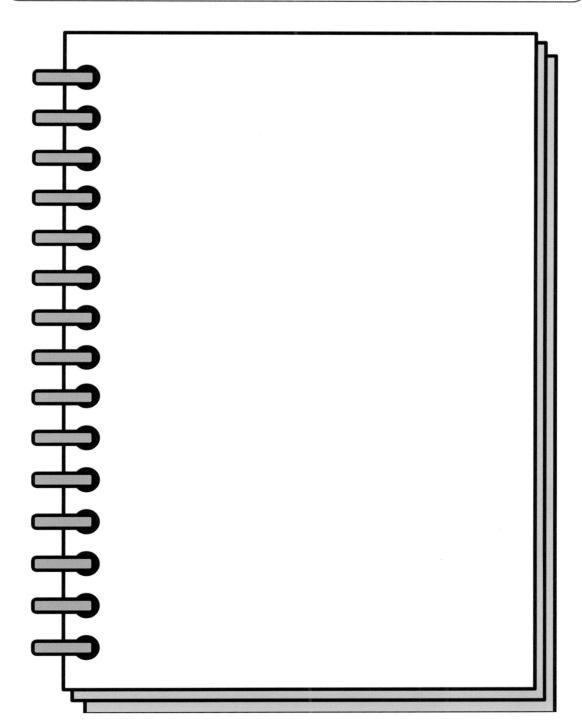

3. 스케치를 마쳤다면 투닝에서 포스터를 만들어 볼 거예요. 가장 먼저 포스터 규격에 알맞게 페이지 사이즈를 바꾸어 주세요. 투닝에디터 화면 왼쪽 상단에서 화면 크기를 바꿀 수 있어요.
   목록에서 [A3/포스터(세로)] 를 선택하고 분홍색 [크기 적용] 버튼을 클릭하세요.

4. 이렇게 아트 보드가 세로변이 긴 직사각형 모양으로 변경될 거예요.
   자 그럼, 모두가 즐거운 급식 시간을 위해서 급식실 안전 규칙 지키기 포스터를 완성 해 주세요.

투닝으로 그린 내 웹툰을 이곳에 붙이고 가까운 사람들과 함께 보세요.
베스트 댓글에 독자의 감상도 받아보세요.

인기
웹툰

BEST 댓글

평점 ★ 9.99

BEST 웹툰천재(toon***)   뭐야 뭐야!!!! 이렇게 감동적인 웹툰은 처음이야 !!!! ㅠㅠㅠㅠㅠㅠㅠㅠㅠ

BEST

BEST

우리 반 그래프 그리기

생활 속 여러 가지 자료를 수집하고 분류하여
막대 그래프로 표현 해 봅시다.

 짠, 내가 퀴즈를 내어 볼께.
그림 속 독수리는 모두 몇 마리일까?

 정답, 열 네 마리!

 우와, 어떻게 이렇게 빨리 알았어?
하늘 위 독수리가 모두 한 눈에 보여?

그건 바로
'막대그래프'
덕분이지.

60

탐구 열기

조사한 내용을 막대 모양으로 나타낸 그래프를 '막대 그래프' 라고 해.
그래프의 가로와 세로에 나타낼 항목을 정하고 값의 크기에 따라 막대를 그리는 거야.

'독수리'는 열 네마리이기 때문에 '14' 까지 막대의 길이로 표시한 것이지.
그렇다면 앞의 그림을 참고하여 나머지 동물의 막대 그래프도 그려보자.

(마리)				
15				
14				
13				
12				
11				
10				
9				
8				
7				
6				
5				
4				
3				
2				
1				
구분	독수리	사자	코끼리	원숭이 (동물)

1. 그래프의 가로는 무엇을 나타낼까요?   (   )

2. 그래프의 세로는 무엇을 나타낼까요?   (   )

3. 세로 한 칸은 몇 마리를 나타낼까요?   (   )

4. 막대의 길이가 가장 긴 동물은 무엇일까요?   (   )

5. 막대의 길이가 가장 짧은 동물은 무엇일까요?   (   )

자 그럼 본격적으로 막대그래프를 그려 보자.

우리 반 구성원의 특징을 보여주는 막대 그래프를 그릴 거야.

먼저 그래프를 그리기 위한 자료 조사가 필요하지.

우리 반 구성원을 떠올리며 아래 내용을 수집하자.

1. 우리 반 성별 구성은 어떻게 되는지 조사 해 봅시다.

성별	인원 수
남성	명
여성	명

2. 우리 반 친구들의 성씨를 조사 해 봅시다.

성씨	인원 수	성씨	인원 수
김	명		명
이	명		명
박	명		명
	명		명
	명		명
	명		명

3. 우리반 친구들의 혈액형을 조사 해 봅시다.

혈액형	인원 수	혈액형	인원 수
A	명	B	명
O	명	AB	명

투닝 열기

자료 조사가 끝났다면 투닝 에디터로 막대 그래프를 그려보자.
우리 반 구성원의 현황을 한 눈에 알아볼 수 있을 거야.

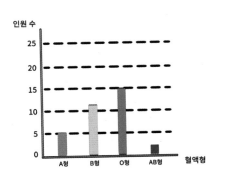

그런데 똑똑햄,
막대 그래프는 어떻게 그리면 좋을까?

막대 그래프 그리는 방법을
지금부터 함께 알아보자.

1. 막대그래프에서는 먼저 가로변과 세로변이 필요합니다. [요소] 에서 직선을 찾아 두 개를 추가합니다. 그리고 하나를 선택하여 90도 회전하세요. 그럼 가로선 하나, 세로선 하나가 나타납니다.

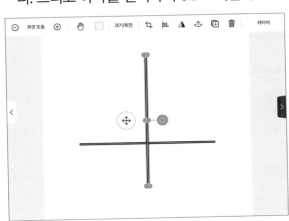

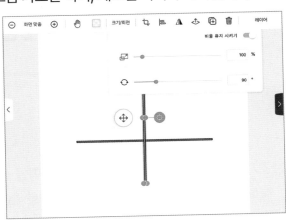

2. 세로변의 아래 점과 가로변의 왼쪽 점이 맞닿을 수 있도록 위치를 이동하세요. 그리고 [텍스트]에서 일반체 대화상자를 선택하여 가로변과 세로변에 해당하는 분류가 무엇인지 적어 봅니다.
세로는 '인원 수', 가로는 '혈액형'이라고 적었어요.

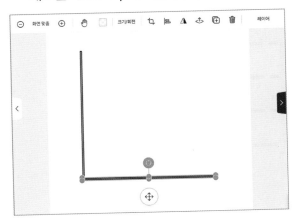

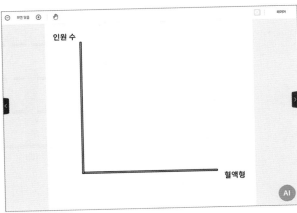

3. [요소]에서 점선을 찾아서 세로 변의 눈금을 만들어 봅니다.

   점선을 가지런히 정리 할 수 있도록 모든 점선을 선택한 뒤 '왼쪽 정렬' 해 보세요.

> 한 칸의 크기를 정해 보세요. 우리 반 친구가 20명 이상이라면 한 칸의 크기를 5로 정하고 20명 이하라면 한 칸의 크기를 1로 정하고 그려 봅시다. 단, 눈금은 조사한 수 중에서 가장 큰 수를 나타낼 수 있어야 합니다.

4. [텍스트] 대화 상자를 추가하여서 가로 변에 항목을 적어 봅니다.

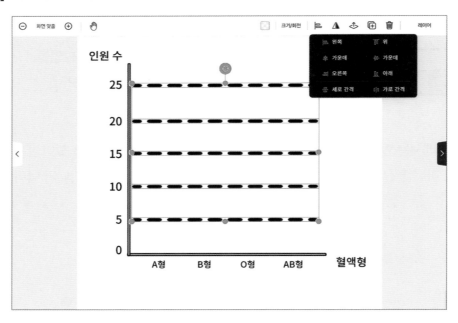

5. 조사 내용을 보고 [요소] 에서 사각형 도형을 선택해 세로 변의 숫자에 맞추어 모양을 그려 보세요.

   항목마다 막대의 색깔도 다르게 표현 해 보세요.

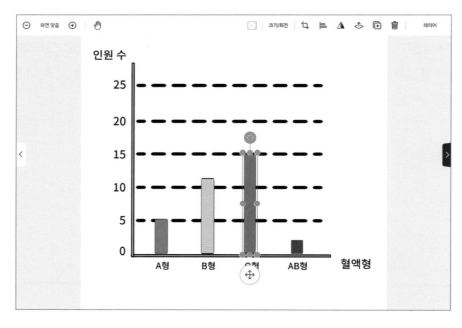

투닝으로 그린 내 웹툰을 이곳에 붙이고 가까운 사람들과 함께 보세요.
베스트 댓글에 독자의 감상도 받아보세요.

인기
웹툰

BEST 댓글

평점 ★ 9.99

BEST 웹툰천재(toon***) 뭐야 뭐야!!!! 이렇게 감동적인 웹툰은 처음이야 !!!! ㅠㅠㅠㅠㅠㅠㅠㅠㅠ

BEST

BEST

사계절과 식물

계절의 변화에 따라 바뀌는 자연의 모습을 살펴보고
그림으로 표현 해 봅시다.

 1678년에 태어난 바로크 시대의 이탈리아 작곡가입니다.

 바이올린 연주를 잘 하는 연주자이기도 하지.

 바흐, 헨델과 함께 바로크 시대 음악을 대표하는 작곡가입니다.

이 사람은
누구일까요?

탐구 열기

 비발디가 작곡한 바이올린 협주곡 <화성과 창의의 시도> 중에 1번부터 4번까지 곡을 모아서 <사계>라는 이름을 붙여 주었어. 총 4개의 곡은 각 계절을 따서 봄, 여름, 가을, 겨울이라는 제목이 붙었지.

 사계절은 각자 뚜렷한 특징을 갖고 있어. 손에 닿는 바람의 온도, 눈에 보이는 자연의 색감은 계절마다 다른 모습을 보여주고 있지.

 머릿속에 떠오르는 사계절의 특징을 아래 마인드맵을 작성 해 보자.

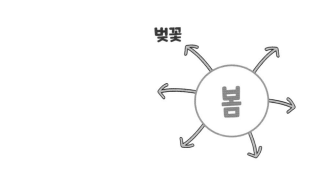

비발디의 <사계>를 들으며 적어보면 어떨까?
사계절에서 느끼는 나의 생각과 감정의 단어를 마음껏 표현해봐.

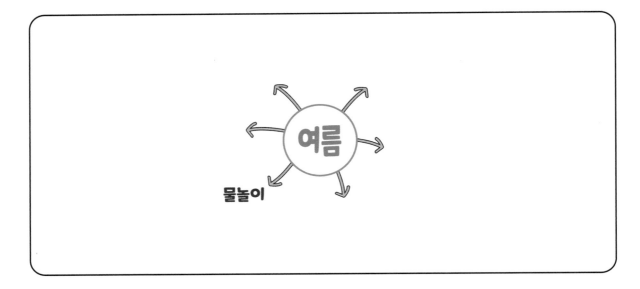

여름

물놀이

가을

노란색

겨울

추위

투닝 열기

우리는 <사계>를 웹툰으로 표현 해 보자.
투닝 속 여러가지 배경과 요소를 활용하여 사계절을 즐기는 내 모습을 그려봐.

앞의 [탐구열기]에서 마인드맵의 단어를 모두 채워보았나요?
마인드맵 속의 단어를 통해 사계절을 보내는 내 모습을 표현 해 보세요.

1. 원하는 배경을 찾아서 넣습니다.

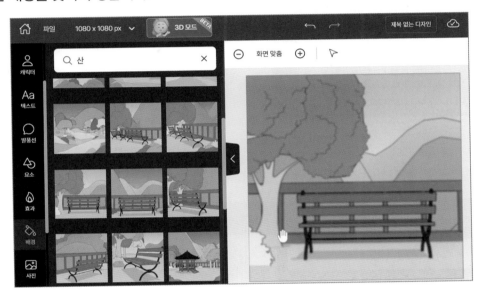

2. 배경에 계절감을 더해볼께요. 요소에서 계절과 연관된 것을 찾아 보세요.
   요소를 여러 개 선택하면 한꺼번에 복사/붙여넣기를 할 수가 있습니다.

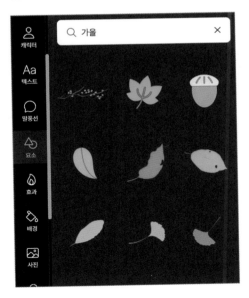
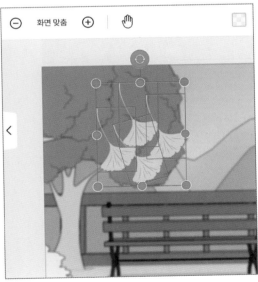

3. 머릿 속에 떠오른 나의 모습을 캐릭터와 요소로 표현 해 보세요.

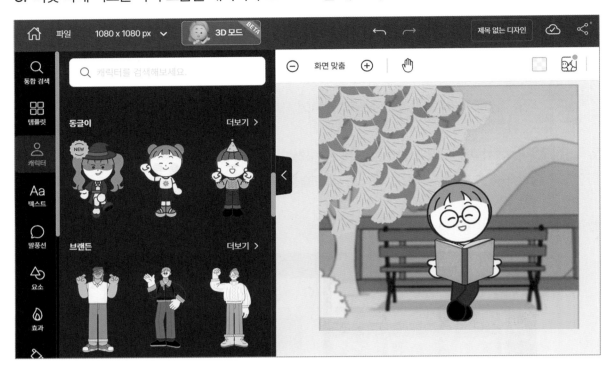

4. 텍스트 템플릿을 추가하여 작품의 완성도를 높여 보세요.

투닝으로 그린 내 웹툰을 이곳에 붙이고 가까운 사람들과 함께 보세요.
베스트 댓글에 독자의 감상도 받아보세요.

BEST 댓글

평점 ★ 9.99

BEST 웹툰천재(toon***)　　뭐야 뭐야!!!! 이렇게 감동적인 웹툰은 처음이야 !!!! ㅠㅠㅠㅠㅠㅠㅠㅠㅠㅠ

BEST

BEST

나를 찾아 떠나는 여행

나의 장점과 흥미를 알아보고 내가 주인공인 네 컷 만화로 만들어
자신을 표현하는 힘을 길러 봅시다.

생각 열기

안녕, 친구들? 만나서 반가워. 내 이름은 '똑똑햄'이라고 해. 너는?

나는 생성형 AI 마을 투닝 세상에서 살고 있어.
투닝에서는 그림도 그릴 수 있고 웹툰도 만들 수 있지.
너희가 상상하는 모든 걸 완성 할 수가 있어.

그리고 나는 말이야 ...... 음 내가 좋아 하는 것은 ......
아니야, 이럴 게 아니라 웹툰으로 나를 소개 해볼께!

 똑똑햄! 나도 너처럼 자기 소개하기가 너무 힘들어.
친구들에게 나에 관하여 무엇을 말해야 좋을지 모르겠어.

 이름과 나이를 말하고 나면 그 다음엔 …… 음 …… 글쎄 ……
나는 어떤 사람일까?

 두려워 하지마, 얘들아.
내가 좋아하는 것, 내가 잘 하는 것, 내가 하고 싶은 것을 미리 생각 해 보는 거야.
그리고 다른 사람에게 나를 소개한다면 지금보다 좀 더 자신 있게 표현 할 수 있을 거야.

 자, 그럼 나와 함께 '나를 찾아 떠나는 여행'을 시작 해 볼까? 렛츠고!

다른 사람에게 나를 소개하려면 먼저 나에 대하여 자세히 파악하고 있어야겠지.
나를 들여다볼까?

내 이름은 [   ] 입니다.

나는 [   ] 초등학교 [   ] 학년 [   ] 반 입니다.

내 생일은 [   ] 월 [   ] 일이고, 현재 나이는 [   ] 살 입니다.

내 혈액형은 [A / B / O / AB] 이고,

나의 헤어 스타일은 [긴 머리 / 짧은 머리 / 단발 머리 / 파마 머리] 이고,

1. 나는 무엇을 좋아할까요? 내가 좋아하는 모든 것을 떠올리며 잔뜩 채워봅시다.

좋아하는 놀이	
좋아하는 만화	
좋아하는 동물	
좋아하는 음식	
좋아하는 색깔	
좋아하는 책	
좋아하는 캐릭터	
좋아하는 가수와 노래	

2. 좋아하는 것을 할 때 나는 어떤 표정일까요? 나와 닮은 표정에 동그라미 쳐 보세요.

| 기쁨 | 즐거움 | 감격 | 행복 | 황홀 |

나는 좋아하는 일을 할 때에 [   ] 기분이 듭니다.

3. 나는 무엇이 하기 싫고 불편할까요?

일상 생활에서 내가 싫어하거나 피하고 싶은 일은 무엇인지 적어 봅시다.

나는 ○○○○을 싫어해	왜냐하면 ...
예) 나는 당근을 먹는 게 싫어.	예) 익숙하지 않은 독특한 맛이 불편해.

4. 불편하거나 속상한 일이 생겼을 때 내 마음은 어떤지 떠올려 볼까요?

내 마음과 가까운 표정에 동그라미 쳐 보세요.

슬픔   화남   서운함   말하기 싫음   놀람

나는 불편하거나 속상한 일을 경험하였을 때

[   ] 기분이 듭니다.

웹툰을 그릴 때 필요한 것은 바로 '스토리보드'야! 어떤 장면을 그릴 지 먼저 글로 간단히 적어보는 거지. 스토리가 어떻게 웹툰으로 바뀌는지 함께 살펴 볼까?

스토리 구상	웹툰으로 구현
스토리 1. 밝게 웃으며 인사하는 나. 간단한 인사말과 함께 이름과 학교 나이를 소개하는 나. "안녕! 내 소개를 할께. 나는 10살 이현준이라고 해."	안녕! 내 소개를 할께 나는 10살 이현준이라고 해
스토리 2. 내가 좋아하는 요소를 화면 배경에 넣고 내가 좋아하는 것을 이야기하는 나. "난 자동차를 너무 좋아해. 그래서 레고를 조립해서 자동차 만드는 것을 좋아해."	난 자동차를 너무 좋아해. 그래서, 레고를 조립해서 자동차 만드는 것을 좋아해
스토리 3. 내가 싫어하는 야채먹는 상황을 표현하기. 표정과 동작으로 내가 싫어하는 모습을 나타냄. "난 야채를 싫어하는데 엄마는 자꾸 야채를 먹으라고 강요하셔."	난 야채를 싫어하는데, 엄마는 자꾸 야채를 먹으라고 강요하셔
스토리 4. 그러나 싫어하는 일을 어떻게 해결해야 좋을지 방법을 찾아낸 나. 극복하는 과정을 통해 밝은 표정의 나.	야채를 싫어하지만, 엄마가 떡볶이, 김밥을 만들어 주시면 야채를 빼지 않고 먹으려고 노력해

자, 그럼 우리도 스토리보드를 작성 해 볼까?
자기소개 웹툰을 그리기 위해 어떤 순서를 나를 표현하고 소개할 지 적어보는 거야.

스토리 1.	스토리 2.
스토리 3.	스토리 4.

 오늘은 똑똑햄과 함께 '나'를 탐구하는 시간을 가져 보았어.
어때, 나를 좀 더 이해하고 사랑하는 마음이 생겼을까? 앞에서 작성한 스토리보드를 보며
내가 좋아하는 것과 잘하는 것 그리고 싫고 불편한 것을 투닝에서 웹툰으로 표현 해 보자.

77

투닝으로 그린 내 웹툰을 이곳에 붙이고 가까운 사람들과 함께 보세요.
베스트 댓글에 독자의 감상도 받아보세요.

인기
웹툰

BEST 댓글

평점 ★ 9.99

BEST 웹툰천재(toon***)　　뭐야 뭐야!!!! 이렇게 감동적인 웹툰은 처음이야 !!!! ㅠㅠㅠㅠㅠㅠㅠㅠㅠ

BEST

BEST

PART

③

바다거북 구조대

우리가 버린 쓰레기가 바다거북의 삶에 어떤 영향을 주는지 알아봅시다.

생각 열기

 아후, 보온물병을 갖고 다니니까 가방이 너무 무거워.
내일부턴 일회용 플라스틱 물병을 챙겨 다녀야겠어. 가방이 훨씬 가볍겠지?

 매일 플라스틱 물통을 버리면 일년에 365개의 플라스틱 쓰레기가 생길 거야.

 플라스틱 쓰레기는 500년이 지나야 썩는대.
그렇다면 우리가 버린 플라스틱 쓰레기는 어디로 가는 줄 알고 있어?

 아마도 바다로 흘러 가겠지?
음... 내가 좋아하는 바다 거북들이 쓰레기를 먹으면 안되는데, 큰일이야

헤엄치는 바다거북

먹이를 먹는 거북

81

그렇다면 바다거북은 플라스틱이 아니라 무엇을 먹고 살아가는 걸까?
바다거북의 생활과 먹이에 관하여 좀 더 살펴보자.

생김새   바다거북은 무려 [   ] 년 전부터 지구상에 존재해 왔어요.

            [   ]은 6,500만년 전 멸종인데 비해 바다거북은 지금도 우리와 함께 지구에 살고 있어요.

생활   땅에서는 느려 보이지만, 바닷속에서는 유선형의 몸으로 빠르게 헤엄치면

         시속 약 [   ]의 속도로 빠르게 헤엄쳐요.

먹이   바다거북은 딱딱한 조개류를 좋아하는 거북이 있는가 하면 부드러운 먹이를 좋아하는 거북

         도 있어요. 그 중에서 [   ]를 주식으로 잘 먹어요.

 아하, 바다거북은 해파리를 좋아하는구나!
플라스틱이 아니라 해파리를 잔뜩 먹으면 좋을 텐데...

 플라스틱 외에도 바다를 오염시키는 쓰레기가 있어.
바다거북은 '이것'을 해파리로 착각하고 먹다가 목에 걸리는 경우가 있지. 과연 무엇일까?

 바로 해파리와 쓰레기봉투야.
비슷한 색깔과 움직임때문에 바닷속 해파리로 착각하고 먹다가 목에 걸리는 경우가 많아.

투닝 GPT와 함께 바다거북에 관하여 더 자세히 알아보자.

환경운동가
투닝 GPT의 환경 운동가에게 다음과 같이 물어 봅시다.
"바다거북이 좋아하는 바다는 어떤 곳인가요?"

* 투닝 GPT 선생님의 답변을 간략히 옮겨 적어 보세요.

동물 사육사
투닝 GPT의 동물 사육사에게 다음과 같이 물어 봅시다.
"올리브 바다거북은 무엇을 먹고 살아요?"

* 투닝 GPT 선생님의 답변을 간략히 옮겨 적어 보세요.

수의사
투닝 GPT의 수의사에게 다음과 같이 물어 봅시다.
"바다거북의 수명은 얼마나 될까요?"

* 투닝 GPT 선생님의 답변을 간략히 옮겨 적어 보세요.

투닝 열기

플라스틱 쓰레기가 없는 깨끗한 바닷속을 좋아하는 바다거북! 바다거북과 함께 바닷속을 탐험하며 자유롭게 놀고 있는 내 모습을 상상하며 투닝으로 표현 해 보자.

1. [배경]에서 '바다' 라는 단어로 검색 해 보세요.

   또는 [사진]에서 바다거북이 좋아하는 '해파리'로 검색 해 보세요.

2. [요소]에서 '거북' 또는 '해파리', '조개' 등 해양 생물을 찾아서 넣어 보세요.

   바닷속을 함께 탐험 중인 나의 모습도 잊지 말아요!

84

투닝으로 그린 내 웹툰을 이곳에 붙이고 가까운 사람들과 함께 보세요.
베스트 댓글에 독자의 감상도 받아보세요.

**인기
웹툰**

BEST 댓글

평점 ★ 9.99

BEST 웹툰천재(toon***) 뭐야 뭐야!!!! 이렇게 감동적인 웹툰은 처음이야 !!!! ㅠㅠㅠㅠㅠㅠㅠㅠㅠ

BEST

BEST

꿈을 향한 첫 걸음

자신의 장래 희망을 소개하고 직업을 고를 때 무엇이 중요한지 알아봅시다.

 나는 동물을 좋아해. 어른이 되면 아픈 동물을 치료하고 도와주는 수의사가 될 거야.

 수의사를 꿈꾸고 있구나! 다른 친구들은 어떤 장래희망을 꿈꾸고 있을까.
똑똑햄과 함께 꿈을 찾아 가보면 어때?

탐구 열기

 우리는 커서 어떤 사람이 될까? 장래희망을 선택할 때는 여러 가지를 고려 해 보아야 해. 미래의 나의 직업을 고르기 위해 무엇을 살펴보면 좋을지 아래 낱말 주머니에서 동그라미를 쳐 보자.

성격	탐구	흥미	독서
취미	다툼	열정	노력
게으름	포기	재미	체험

 나의 성격·탐구·흥미·취미 등 여러 가지를 살펴보고 어떤 사람이 되고 싶은지 마음 먹었어! 그런데 사실 그 직업이 무슨 일을 하는지 잘 모르겠는걸.

 그렇다면 도와 줄 사람이 있지. 바로 투닝 GPT의 진로 선생님이야. 진로 선생님을 찾아가서 직업에 관한 궁금증을 물어보자.

1. 투닝 메인페이지에서 투닝GPT로 이동합니다.

투닝	투닝 GPT	투닝 매직	투닝 에디터	투닝 보드 Beta

TOONING GPT   AI 교육방침   학생 모니터링   헬프센터

2. '모든 캐릭터 보기'에서 '진로선생님'을 찾아 보세요.

3. 진로선생님께 장래희망에 관하여 궁금한 점을 물어보세요.

   단, 선생님이니까 예의 바르게 질문을 남겨야 하겠죠?

안녕하세요. 저는 초등학교 3학년 김코코입니다. 저는 커서 수의사가 되고 싶습니다. 지금부터 어떤 노력을 하면 좋을까요?

 진로 선생님

안녕하세요, 김코코! 수의사가 되고 싶다는 꿈을 가지신 것 정말 멋져요! 수의사는 동물을 치료하고 돌보는 일을 하는 직업으로, 아주 중요한 역할을 해요. 수의사가 되기 위해서는 여러 가지 노력이 필요해요. 지금부터 어떤 노력을 하면 좋을지 함께 알아볼까요?

1　**동물에 대한 관심 키우기**: 수의사가 되려면 동물에 대한 사랑과 관심이 정말 중요해요. 다양한 동물에 대해 공부하고, 동물의 행동이나 특징에 대해 알아보세요. 동물원이나 애완동물 가게에 가서 다양한 동물을 관찰하는 것도 좋은 방법이에요.

2　**책 읽기**: 동물에 관한 책이나 수의사에 대한 이야기를 담은 책을 읽어보세요. 책을 통해 동물의 생태, 건강, 질병 등에 대해 배울 수 있어요. 또한, 수의사들이 어떤 일을 하는지에 대해서도 알 수 있어요.

3　**과학 공부 열심히 하기**: 수의사가 되기 위해서는 과학, 특히 생물학과 화학을 잘 알아야 해요. 학교에서 배우는 과학 수업에 집중하고, 궁금한 점은 선생님께 질문해보세요. 그리고 집에서 과학 실험을 해보는 것도 좋답니다.

4　**동물과 함께하기**: 집에서 애완동물을 키우고 있다면, 그 동물을 잘 돌봐주고 사랑해 주세요. 동물과 함께 시간을 보내면서 그들의 행동과 필요를 이해하는 데 도움이 될 거예요. 만약 애완동물이 없다면, 동물 보호소에서 자원봉사를 통해 동물들과 교류하는 것도 좋은 방법이에요.

5　**동물 관련 활동 참여하기**: 학교나 지역사회에서 진행하는 동물 관련 활동이나 프로그램에 참여해보세요. 예를 들어, 동물 보호 단체의 행사나 캠프에 가면 동물에 대해 더 많이 배우고, 다른 친구들과 함께 즐거운 시간을 보낼 수 있어요.

6　**목표 설정하기**: 수의사가 되기 위한 목표를 정해보세요. 예를 들어, "나는 5년 후에 동물 병원에서 자원봉사를 할 거야!" 같은 구체적인 목표를 세우고 그 목표를 향해 노력해보세요.

7　**전문가와의 만남**: 수의사나 동물 관련 전문가와 만나서 이야기를 들어보는 것도 좋은 경험이 될 거예요. 그들이 어떻게 수의사가 되었는지, 어떤 일을 하는지 직접 들으면 더 많은 동기부여가 될 수 있어요.

김코코, 수의사가 되기 위해서는 많은 노력과 시간이 필요하지만, 지금부터 차근차근 준비해 나가면 꿈을 이룰 수 있을 거예요. 동물들을 사랑하고, 그들을 돕는 멋진 수의사가 되길 응원할게요! 항상 긍정적인 마음으로 꿈을 향해 나아가세요!

진로선생님께 무엇을 물어보았나요?

예) 저는 종이접기를 좋아하는데 어떤 직업을 고르면 좋을까요?

진로선생님의 답변 내용은 어떤가요? 아래에 요약하여 적어 봅시다.

투닝 열기

장래희망을 잘 살펴 보았어? 미래의 멋진 내 모습을 한 번 떠올려 봐.
그리고 열심히 노력하고 활약하는 내 모습을 투닝에서 그려봐.

1. 먼저 미래의 내가 일하는 장소와 어울리는 배경을 찾아 보세요.

2. 그리고 장래 희망인 직업을 캐릭터 중에 찾아 보세요.

3. 그런데 캐릭터 포즈나 생김새가 마음에 안 든다고요?

    걱정마세요. 투닝에서는 얼마든지 내 마음에 들도록 꾸밀 수가 있답니다.

투닝으로 그린 내 웹툰을 이곳에 붙이고 가까운 사람들과 함께 보세요.
베스트 댓글에 독자의 감상도 받아보세요.

**인기
웹툰**

BEST 댓글

평점 ★ 9.99

BEST 웹툰천재(toon***)   뭐야 뭐야!!!! 이렇게 감동적인 웹툰은 처음이야 !!!! ㅠㅠㅠㅠㅠㅠㅠㅠ

BEST

BEST

동물 사육제 앨범 디자인

다양한 악기의 쓰임새를 듣고
음악의 분위기를 묘사하거나 감상을 이야기 해 봅시다.

생각 열기

쿵쾅 쿵쾅! 으흠. 이건 무척 용감하고 늠름한 왕의 발걸음 소리다!

냐옹 냐옹. 사자왕이 지나가신다. 뒤를 따라 행진하자. 냐옹.

음악을 들으며 동물의 움직임을 흉내내고 있구나!

맞아, 우리는 지금 '동물 사육제'를 감상 중이었어!

'동물 사육제'는 프랑스 음악가 카미유 생상스가 작곡한 관현악 모음곡이야. 총 14개 악장으로 이루어졌는데 각 악장에서는 동물의 특징과 움직임을 재미나게 표현하고 있지.

아래는 '동물사육제'에 등장하는 동물의 일부를 적어놨어. 동물사육제를 감상하고 각 동물의 움직임을 어떻게 표현하고 있는지 알맞는 것으로 연결지어 보자.

1악장　　사자　　·　　　　　　· 코끼리가 요정처럼 춤추는 모습

2악장　수탉과 암탉·　　　　　　· 잔잔한 호수에서 우아한 백조의 자태

3악장　야생 당나귀·　　　　　　· 사자왕의 늠름한 행진

4악장　　거북이　·　　　　　　· 암탉이 모이를 쪼고 수탉의 울음소리

5악장　　코끼리　·　　　　　　· 캉캉의 멜로디를 아주 느리게 편곡

13악장　　백조　·　　　　　　· 초원에서 신나게 날뛰는 당나귀

 만약 내가 좋아하는 동물이 '동물사육제' 맨 마지막에 등장한다고 생각 해 보자.
이 동물에겐 어떤 특징이 있는지 살펴봐야겠지.
그리고 그 특징을 표현할 수 있는 소리를 찾아보아야 할 거야.

내가 좋아하는 동물은 [   ] 입니다.

동물은 어디에 살아요?	
동물은 어떻게 움직여요?	
동물의 생김새에 어떤 특징이 있나요?	
동물이 내는 소리를 적어 볼까요?	
동물의 소리를 어떤 악기로 표현하면 좋을까요?	피아노 / 바이올린 / 드럼 / 기타 / 그 외 [ ]
동물의 움직임과 소리는 나에게 어떤 느낌을 주나요?	경쾌함 / 사뿐함 / 용맹함 / 날쌤 / 그 외 [ ]

투닝 열기

 '투닝 매직'으로 생성형 인공지능을 활용하여 '동물 사육제' 앨범을 디자인 해 보자.

내가 좋아하는 동물의 모습이 담긴 '동물사육제' 앨범 디자인을 생성형 인공지능으로 만들어 봅시다.
앞의 [탐구열기]를 보고 동물의 특징을 정리하여 글상자에 담길 내용을 작성합니다.

0 / 400

이렇게 만들었어요.

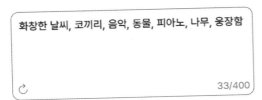

투닝으로 그린 내 웹툰을 이곳에 붙이고 가까운 사람들과 함께 보세요.
베스트 댓글에 독자의 감상도 받아보세요.

**인기
웹툰**

BEST 댓글

평점 ★ 9.99

BEST 웹툰천재(toon***)　　뭐야 뭐야!!!! 이렇게 감동적인 웹툰은 처음이야 !!!! ㅜㅜㅜㅜㅜㅜㅜㅜ

BEST

BEST

명화 속 이야기

명화를 보고 그림 속에 담긴
인물의 감정과 느낌을 이야기 나누어 봅시다.

생각 열기

 지금부터 내가 하는 이야기를 잘 듣고 그림으로 따라 그려 보는 거야.

 좋아, 나는 투닝 에디터가 준비되었어.
지금 책을 보고 있는 친구들도 투닝 화면을 열고 함께 해 보자.

1. 당신은 산책을 하고 있습니다.
2. 시간은 저녁 무렵입니다. 등 뒤로 노을이 지고 있습니다.
3. 그런데 문득 ... 아주 섬뜩한 생각이 떠올랐습니다!

설명을 듣자마자 떠오르는 명화가 있었지.
바로 노르웨이 국민 작가 '에드워드 뭉크'의 대표작인 '절규'라는 그림이야.

 그림 속에서 비명지르는 남자는 뭉크 본인이라고 해.

 맞아. 저녁 산책을 하던 중 뭉크는 붉게 물든 노을을 보자 갑자기 두려운 생각이 들었어.
그 때 느낀 감정을 그림으로 표현한 작품이 '절규'야.

 그런데 '두려운 마음'이란 무엇일까. 뭉크는 왜 공포를 느낀 것일까?

 두려움은 우리에게 여러가지 방식으로 다가오기도 하지.
다음의 감정 낱말을 보고 두려움과 관련된 감정을 한 번 선택 해 보자.

1. 아래 감정 낱말에서 '두려움'과 관련된 것을 찾아 O표를 해 보세요.

기쁨	슬픔	즐거움	걱정
외로움	행복	걱정	피곤함
설렘	무서움	용감	억울함
아픔	신남	놀람	불안함

2. 나에게 가장 두려운 일은 무엇인지 떠올려 봅시다.

내가 가장 두려워 하는 것은 [   ] 이다.

나는 이것과 마주할 때 [   ] 와 [   ] 한 기분이 든다.

괜찮아. 우리는 누구라도 어렵고 힘든 일을 겪을 때가 있어.
뭉크처럼 양 볼을 감싸고 소리를 지를 만큼 마음이 힘들 때도 있는 거야.

그럴 때 나는 무엇을 떠올리면 혹은 무엇을 하면 두려움이 사라지는 것일까?

3. 나는 무엇을 떠올리거나 무엇을 할 때에 두려움이 사라지는지 생각 해 봅시다.

나는 [   ] 을 생각하면 마음이 편안합니다.

나는 [   ] 을 하면 두려움이 사라집니다.

앞에서 여러분이 본 그림은 진짜 뭉크가 그린 것이 아니예요.

그럼 누가 그렸을까요?

바로 생성형 인공지능 '투닝 매직'이 그린 것이랍니다.

이렇게 멋진 그림을 순식간에 그리다니 놀랍지 않나요?

여러분도 생성형 인공지능으로 그림을 그릴 수 있답니다.

 마음 속 두려움을 꺼내어 보는 일은 정말 용기있는 행동이야.
우리도 뭉크처럼 나의 두려운 기분을 생성형 인공지능과 함께 그림으로 그려보자.

1. 아래 감정 낱말에서 '두려움'과 관련된 것을 찾아 O표를 해 보세요.

투닝	투닝 GPT	투닝 매직	투닝 에디터	투닝 보드 Beta

TOONING MAGIC   매직 플러스   헬프센터

2. '투닝 매직'에는 캐릭터도 말풍선도 배경도 없어요. 대신 글상자만 있습니다. 비어있는 글 상자에는 내 머릿속 그림을 묘사하여 글로 적습니다. 그럼 생성형 인공지능은 글을 읽어보고 내용에 맞추어 그림을 만들어 낸답니다.

나무 아래 앉아 있는 두 명의 사람 그림, 여름, 맑은 하늘, 주택가, 시원한 분위기, 빈센트 반 고흐 화풍 ↻   0/400

붉게 노을이 물드는 시간, 강 가를 산책하는 한 사람, 놀란 표정에 입을 벌리고 얼굴을 감싸쥠, 파란색 옷을 입고 있음. ↻   67/400

앞의 [탐구열기]를 보고 나의 두려움에 관한 내용을 아래 글상자에 정리하며 적어 봅시다.
완성된 내용은 투닝매직의 글상자에 입력 해 보세요.

                                                  0 / 400

3. 그리고 싶은 그림의 화풍과 스타일을 선택합니다.

4. 생성하고 싶은 그림 장 수를 선택합니다. 투닝 매직은 하루에 사용 가능한 횟수가 정해져 있으니
   우선 한 장만 해 볼까요. 원하는 이미지 캔버스 크기와 비율을 선택하고 주황색 버튼인 '이미지
   생성'을 클릭 해 봅니다.

5. 생성형 인공지능이 그림을 완성합니다.

잘 했어! 이번에는 두려움이 사라진 내 모습을 생성형 인공지능으로 그려보자.

앞의 [탐구열기]를 보고 두려움을 극복하기 위하여 내가 하는 것을 아래 글상자에 정리하며 적어 봅시다. 완성된 내용은 투닝매직의 글상자에 입력하고 그림을 생성 해 보세요.

> 0 / 400

 투닝 매직에서 생성형 인공지능으로 두 개의 그림을 완성 해 보았어.
마음에 드는 그림일까? 아래 질문을 읽어보고 답변 해 보자.

머릿속에 상상한 그림과 투닝 매직에서 만든 그림은 무척 비슷하다.
① 매우 그렇다　② 그렇다　③ 보통이다　④ 아니다　⑤ 매우 아니다

나는 머릿속에 상상한 그림의 내용을 글상자에 제대로 잘 적어 넣었다.
① 매우 그렇다　② 그렇다　③ 보통이다　④ 아니다　⑤ 매우 아니다

투닝 매직에서 내가 원하는 그림에 가깝게 만들려면 무엇을 보완해야 할까?
① 글상자 내용　② 화풍　③ 스타일　④ 이미지 크기　⑤ 아무것도 안함

 생성형 인공지능은 내가 입력한 내용만 이해하고 표현하려는 특징이 있지. 앞에서 적은 글 상자 내용을 수정하거나 추가하여서 내가 원하는 그림에 더욱 가깝게 만들어 보도록 하자.

투닝으로 그린 내 웹툰을 이곳에 붙이고 가까운 사람들과 함께 보세요.
베스트 댓글에 독자의 감상도 받아보세요.

**인기
웹툰**

BEST 댓글

평점 ★ 9.99

BEST   웹툰천재(toon***)   뭐야 뭐야!!!! 이렇게 감동적인 웹툰은 처음이야 !!!! ㅠㅠㅠㅠㅠㅠㅠㅠㅠㅠㅠㅠ

BEST

BEST

Appendix

투닝 에디터 파헤치기

웹툰은 투닝, 투닝은 웹툰!
나만의 멋진 작품을 만들기 위해
투닝 에디터 기능을 하나씩 차근히 배워 봅시다.

캐릭터 생성하기

> 투닝에서는 웹툰이나 작품에 등장하는 다양한 캐릭터를 만들 수 있답니다.
> 상상 속 등장 인물이나 캐릭터를 직접 표현 해 봅시다.

1. 투닝 에디터 메뉴탭에서 [캐릭터]를 클릭합니다. 다양한 캐릭터가 있습니다.

   마음에 드는 캐릭터를 찾을 수 있고, 원하는 스타일의 캐릭터를 클릭하면 아트보드에 추가됩니다.

2. 캐릭터를 선택하면 분홍색 테두리 박스로 표시됩니다. 왼쪽 속성 창이 활성화 되는 것을 볼 수 있고,

   분홍색 박스의 가장자리 점을 마우스로 드래그하면 크기를 조절 할 수 있습니다.

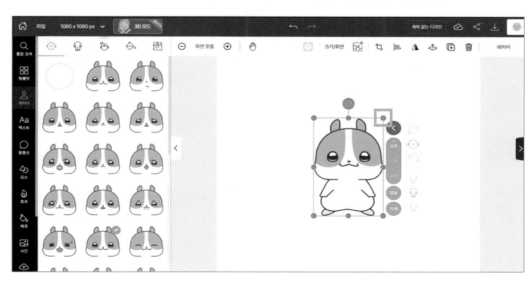

103

3. 분홍색 박스의 가운데 점을 클릭하고 마우스를 좌우로 움직이면 캐릭터가 회전할 수 있고,
   Shift + 분홍색 박스를 누르면 15도씩 회전합니다.

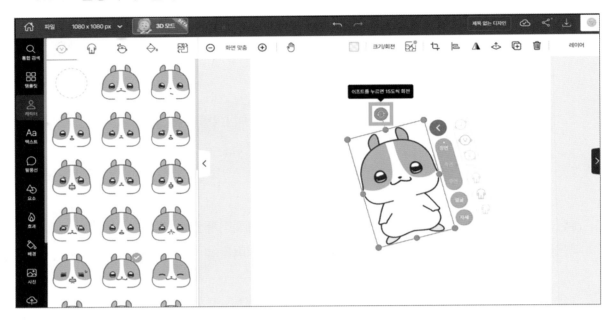

캐릭터의 표정과 움직임을 바꾸어 봅시다. 좀 더 생동감이 느껴질 거예요.

1. 왼쪽 속성에서 캐릭터의 얼굴 표정과 자세를 바꾸어 줄 수 있습니다.

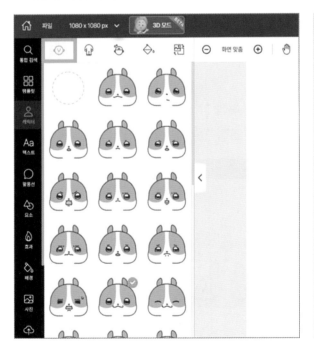 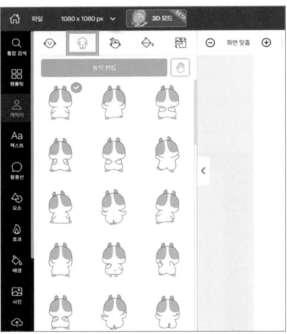

2. 얼굴 방향을 정면, 측면, 후면으로 자유롭게 바꿀 수 있습니다.

   팔과 다리 움직임을 통해 자세를 자유롭게 바꿀 수 있습니다.

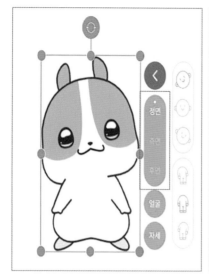  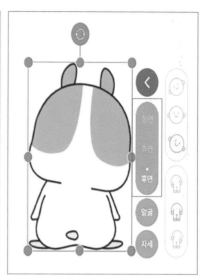

얼굴 방향 바꾸기

  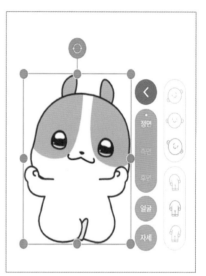

자세와 움직임 바꾸기

3. 캐릭터 우측 메뉴에서 '얼굴'을 클릭 해 보세요.

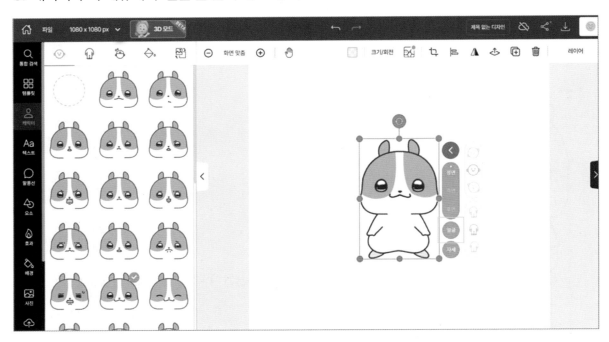

4. 얼굴 편집에서는 더 구체적이고 다양한 표현을 통해 나만의 캐릭터를 만들 수 있습니다.

❷

텍스트 생성하기

짧은 글과 문장으로 우리는 웹툰 속 상황을 설명 할 수 있답니다.
텍스트 상자를 사용하는 방법을 익혀 봅시다.

1. 투닝 에디터 메뉴탭에서 [텍스트]를 클릭합니다. 원하는 내용의 글상자를 선택하면 아트보드에 나타납니다. 상자 속 텍스트를 더블 클릭 해보세요. 내용을 입력 할 수 있습니다.

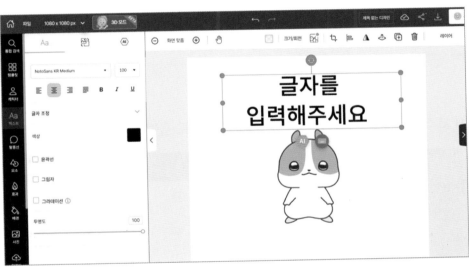

2. 글상자의 가장자리 점을 움직여 크기를 조절 할 수 있습니다. 가운데 점에 마우스를 올렸을 때, 커서가 십자 표시로 변경되면 마우스를 움직여서 글상자를 회전 할 수도 있습니다.

3. 글상자를 선택하면 좌측에 속성 화면이 나옵니다.

　　글꼴, 크기, 정렬, 굵기, 기울이기, 밑줄 등의 설정을 적용할 수 있습니다.

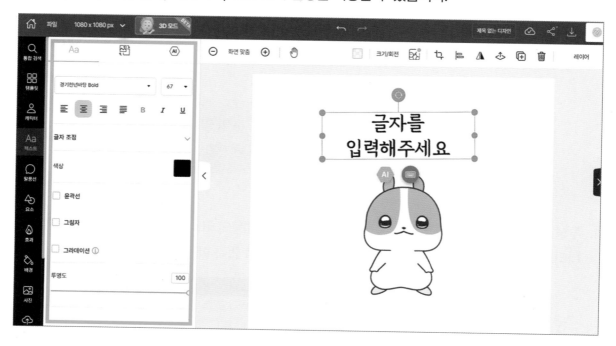

4. 웹툰에서 자주 쓰는 대사나 효과는 텍스트 메뉴에서 바로 클릭하여 추가합니다.

말풍선 생성하기

캐릭터가 내뱉는 대사는 웹툰 속 상황을 실감나게 전달합니다. 캐릭터의 말 또는 생각은 말풍선을 통하여 표현하지요. 말풍선을 사용하는 방법을 익혀 봅시다.

1. 투닝 에디터 메뉴탭에서 [말풍선]을 클릭합니다. 원하는 말풍선을 선택 해 보세요. 아트보드에 말풍선이 나타납니다.

2. 말풍선의 면과 선의 색상을 변경하고 선 두께를 조절 할 수 있습니다.

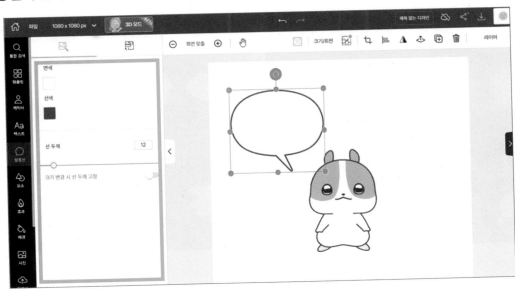

3. [텍스트]에서 글상자를 선택하여 말풍선 안으로 위치를 이동합니다.

    내용을 바꾸어 입력 해 봅니다. 캐릭터의 대사를 채워 넣을 수 있습니다.

4. 말풍선의 모양에 따라 상황 표현이나 인물의 감정을 풍부하게 전달 할 수 있습니다.

    다양한 모양의 말풍선을 살펴보고 알맞은 말풍선을 선택 해 보세요.

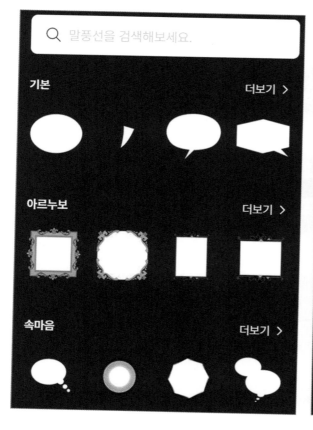
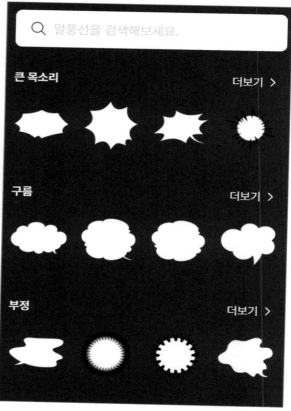

요소 탐색하기

웹툰 속 상황을 표현하려면 다양한 물체가 필요하죠.
작품을 만드는데 필요한 요소를 찾아 봅시다

1. 투닝 에디터 메뉴탭에서 [요소]를 클릭합니다. 아트보드에 선택한 요소가 나타납니다.

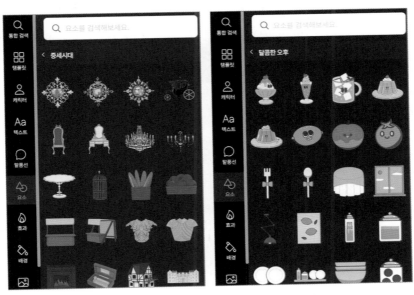

2. 요소가 너무 많아서 찾기 어렵다면 검색창에서 원하는 요소와 관련된 단어를 입력 해 보세요.
   필요한 요소를 쉽고 빠르게 찾아 볼 수 있습니다.

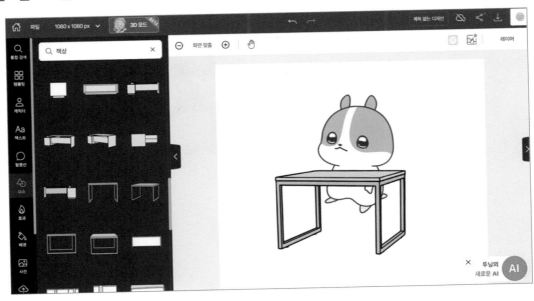

투닝에는 정말 많은 요소가 존재하고 있답니다. 그 중에 마크가 붙어 있는 요소 또는 배경이 보일 거예요. 이들은 투닝 전용 코인인 '냥이'를 지불하고 사용 할 수 있답니다.

1. 냥이 마크가 붙은 요소를 추가하여 작품을 만들어 봅니다.

   아트보드 속 요소에 워트마크가 찍힌 것을 볼 수가 있습니다.

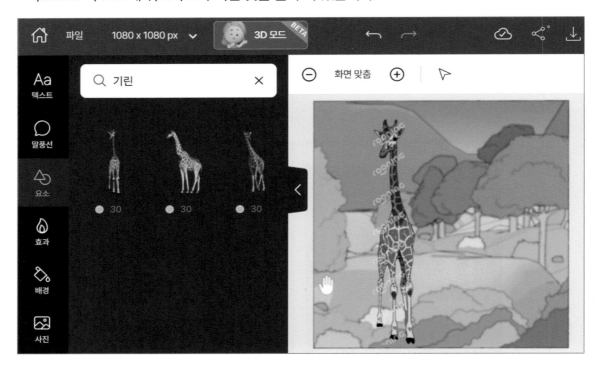

2. 작품이 완성되면 '구매' 버튼을 클릭합니다.

   필요한 만큼 냥이를 충전하고 원하는 요소를 구매 할 수 있습니다.

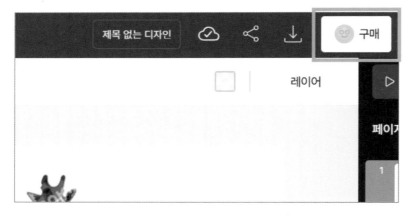

3. 요소를 구매하면 워터마크가 없는 작품을 완성 할 수 있습니다.

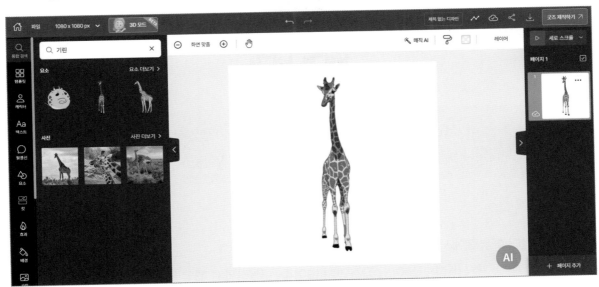

투닝 메인 화면의 개인 프로필에서 '냥이'를 충전 할 수 있습니다. 냥이로 내가 필요한 요소와 배경 화면을 구매 할 수가 있습니다. 다양한 요소를 활용하여서 나만의 재미있는 웹툰을 완성 해 보세요.

배경 넣기

상황에 알맞은 배경을 넣으면 내용에 훨씬 몰입하기 쉽죠.
또한 글이나 말풍선으로 설명하지 않아도 배경만 보고 상황을 이해 할 수 있습니다.

1. 투닝 에디터 메뉴탭에서 [배경]을 클릭합니다.

   색채만 들어간 기본 배경부터 어느 장소인지 보여주는 배경까지 매우 다양한 배경이 있습니다.

 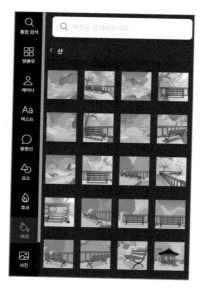

2. 배경이 너무 많아서 찾기 어렵다면 검색창에서 원하는 배경과 관련된 단어를 입력 해 보세요.

   필요한 배경을 찾아 볼 수 있습니다.

사진 활용하기

그림이 아닌 사진을 적용하여
더욱 실감나는 상황을 표현 할 수 있습니다.

1. 투닝 에디터 메뉴탭에서 [사진]을 클릭합니다. 필요한 사진을 찾아 사용 할 수 있습니다.
   검색창에서 원하는 사진과 관련된 단어를 입력 해 보세요.

2. 사진 속 배경을 지우고 싶다면 '배경 제거'를 통해 쉽고 빠르게 편집 할 수 있습니다.

3. 컴퓨터에 저장된 사진도 활용 할 수 있습니다. [내 사진 불러오기]를 통해서 하드디스크 속 사진을
   선택하여 불러 오세요.

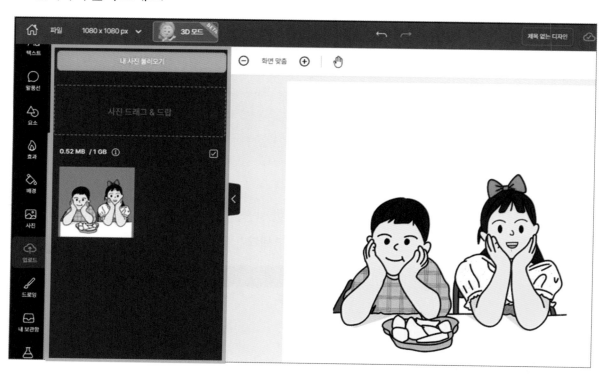

작품 공유하기

투닝에서 만든 웹툰과 작품을 다른 사람에게 보여 줄 수가 있습니다.
내가 만든 웹툰을 친구 또는 가까운 사람들과 함께 보고 이야기를 나누어 보세요.

1. 아트보드 우측 상단의 공유 아이콘을 클릭합니다. '링크 공유'를 클릭합니다.

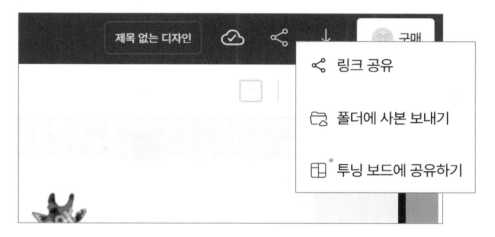

2. 공유 화면에서 보기 설정과 공유 설정을 선택할 수 있습니다.

까만색 QR코드에서 마우스 우클릭 메뉴로 '이미지를 다른 이름으로 저장' 할 수 있습니다.

분홍색 버튼인 '공유 링크 복사'를 선택하면 자동으로 내 작품의 url이 복사됩니다.

메신저 또는 이메일에서 붙여넣기 후 다른 사람에게 작품의 링크 주소를 전달하세요.

117

3. 링크 주소를 전달받은 사람은 url을 클릭만 하여도 내 작품을 구경 할 수 있습니다.

작품 다운로드

완성된 작품을 다운로드 할 수 있습니다. 인쇄가 필요하거나 블로그, SNS 등 다른 곳에 게시해야 할 경우에 이미지 파일로 다운로드를 받습니다.

1. 아트보드 우측 상단의 다운로드 아이콘을 클릭합니다.

2. 활용 방식에 따라 웹용 또는 출력용으로 다운로드 받을 수 있습니다.
   다운로드 받을 이미지 파일의 형식을 선택 할 수 있습니다.

2. 활용 방식에 따라 웹용 또는 출력용으로 다운로드 받을 수 있습니다.
   다운로드 받을 이미지 파일의 형식을 선택 할 수 있습니다.